LUCIEN DELABROUSSE

LA
PROPAGANDE ROYALISTE
ET CLÉRICALE

I

LE CATÉCHISME ROYALISTE

5 CENTIMES

PARIS

LIBRAIRIE DU SUFFRAGE UNIVERSEL

14, RUE HAUTEFEUILLE, 14

1875

DÉCHÉANCE DE NAPOLÉON III

ET DE SA DYNASTIE

VOTÉE PAR L'ASSEMBLÉE NATIONALE

à l'unanimité, moins 6 voix

Dans sa séance du 1er mars 1871

———

« L'Assemblée nationale clôt l'incident, et, dans les circonstances douloureuses que traverse la patrie et en face de protestations et de réserves inattendues, confirme la déchéance de Napoléon III et de sa dynastie, déjà prononcée par le suffrage universel, et le déclare responsable de la ruine, de l'invasion et du démembrement de la France. »

PROPAGANDE ROYALISTE

ET CLÉRICALE

Il y a à Paris, rue de Rennes, une officine où l'on trouve les petits livres destinés à la propagande royaliste et cléricale. C'est la *librairie Saint-Joseph*. Les publications qui en sortent s'adressent surtout aux paysans et aux ouvriers. Elles sont dues pour la plupart à la plume de M. l'évêque de Ségur, de M. le marquis de Ségur, conseiller d'Etat, et de M. Lequien, avocat à la Cour de Paris. C'est sur ces écrivains que le parti noir fonde ses espérances. Il compte que, grâce à leur zèle, « l'enterrement civil des principes de 1789 » sera bientôt un fait accompli.

Le procédé habituel de polémique de ces pieux littérateurs est l'affirmation quand même, et sans preuves. « La calomnie, dit dom Bazile à Bartholo, la calomnie, Monsieur? Vous ne savez guère ce que vous dédaignez ; j'ai vu les plus honnêtes gens prêts d'en être accablés. Croyez qu'il n'y a pas de plate méchanceté, pas d'horreurs, pas de conte absurde qu'on ne fasse adopter aux oisifs d'une grande ville en s'y prenant bien.... » Le procédé de Bazile sert également pour l'affirmation. Et les auteurs des petits livres de propagande royaliste et cléricale en viennent toujours là, sachant à merveille qu'il en reste parfois quelque chose.

Dans notre pays, en effet, on est trop disposé à laisser faire. Si cette habitude devait persister après les cruelles leçons de ces dernières années, il faudrait presque désespérer de la patrie. Le principal danger qui nous menace aujourd'hui, c'est l'envahissement du parti noir. Un pays où fleurit le jésuitisme est mûr pour toutes les servitudes.

Aussi, malgré les entraves apportées de toute part à la diffusion de la vérité, malgré l'hostilité des pouvoirs publics, est-il nécessaire de combattre sans relâche l'ennemi du droit, de la morale, de la liberté, de la civilisation moderne elle-même. Puisqu'il était réservé à la France de recevoir ces hommes que la Suisse et l'Allemagne repoussent de leur sein comme des pestiférés, faisons en sorte du moins qu'ils ne tarissent pas dans notre pays jusqu'à la source du devoir civique et du patriotisme. Montrons où veut nous conduire l'Internationale noire. Peut-être que frappés des exemples que nous mettrons sous leurs yeux bien des pères de famille hésiteront-ils à jeter leurs enfants en pâture aux jésuites et aux ignorantins !

I

LE CATÉCHISME ROYALISTE.

L'opuscule qui porte ce titre a été publié, sans nom d'auteur, en 1872. Il a trente-trois pages et est divisé en sept chapitres, traitant : le premier, *de la Royauté ;* le second, *de l'Hérédité et du Droit divin ;* le troisième, *du Peuple ;* le quatrième, *des Rapports des citoyens entre eux dans la royauté ;* le cinquième, *des Rapports de la royauté avec les autres États ;* le septième enfin, *des Rapports de la royauté avec la religion.*

On le voit, *le Catéchisme royaliste,* d'après l'intitulé seul des chapitres, promet un programme complet de politique intérieure et extérieure. La couverture porte une fleur de lys artistement dessinée. Cet opuscule est donc destiné à mettre en lumière les avantages du gouvernement de M. le comte de Chambord. Tous les pèlerins d'Anvers et de Frohsdorf en ont fait sans doute l'acquisition, et le font apprendre par cœur à leurs enfants.

On commence par des affirmations dans le goût de celles-ci :

« D. Pourquoi êtes-vous royaliste ?

» R. Je suis royaliste parce que la royauté est le vrai gouvernement de ma nation, le seul raisonnable et qui lui convienne. »

La royauté, dit encore *le Catéchisme*, est le seul gouvernement conforme au caractère du peuple français, « parce que le Français est trop fougueux et trop inconstant pour se gouverner librement... *et qu'il est dans son caractère d'avoir un maître.* »

Allez donc contredire de pareilles affirmations ! Si vous tenez à savoir comment la royauté est conforme à nos besoins, reportez-vous à la page 5 :

« La royauté, y est-il dit, donnerait l'ordre, la paix et le travail au-dedans, la force et le respect au-dehors, qui sont nos premiers besoins... Sous un gouvernement essentiellement juste, la justice règne entre les citoyens comme entre les classes. Au milieu de cette harmonie, les divisions cessent, la fraternité se fait, les misères diminuent, le travail et la prospérité renaissent avec la paix. »

Comme vous le voyez, c'est là un tableau enchanteur. Mais il y manque un ou plusieurs noms propres. Qu'on nous permette de suppléer à cette lacune. En 1700, la France possédait, sans contredit, un « gouvernement qui se rattachait à Dieu. » Louis XIV régnait depuis cinquante-sept ans. A côté de lui se trouvaient le ministre Chamillart, la dévote Mme de Maintenon et l'habile jésuite Le Tellier. Le roi, ses confidents et sa confidente représentaient sans contredit le « vrai droit. » Les lettres de Mme de Sévigné, les Mémoires du duc de Saint-Simon et le *Projet d'une Dîme royale*, de Vauban, nous ont appris comment l' «ordre» régnait à cette époque en France ; les plaintes mesurées de Fénelon nous ont fait voir à quel point le « travail » était en honneur dans le pays, et quel était le bonheur du peuple ; enfin les victoires de Marlborough et d'Eugène, les désastres de la guerre de la succession d'Espagne et le spectacle qu'offrait la cour de Versailles nous en apprennent long sur « la paix au-dedans », « la force et le respect au-dehors », qui sont, au dire du *Catéchisme*, l'apanage de la royauté.

En citant le *grand roi* nous avons usé de pure condescendance. Nous aurions pu prendre exemple du règne de Louis XV ou de la monarchie de Charles X, pour établir d'une manière plus irréfutable encore que la monarchie est « conforme aux besoins » de la France.

Voyons maintenant comment elle est conforme à nos mœurs :

« Il y a trop de mal aujourd'hui dans notre société, dit le *Catéchisme*, trop de *corruption*, trop de *décadence*, pour que la liberté républicaine puisse fortement s'y établir... *C'est un frein qu'il faut au peuple, non l'indépendance.* »

Ces choses se citent, mais ne se discutent pas. En tout état de cause c'est une singulière légitimation de la Monarchie que celle qui se fonde sur la « corruption » et la « décadence » du peuple pour la déclarer nécessaire. Nous prions qu'on retienne l'argument ; il est typique et prouve mieux

que nous ne saurions le faire en quel degré
d'estime les monarchistes ont la France et
les Français.

*
* *

Sans nous arrêter au chapitre de *l'Hérédité et du Droit divin*, arrivons à celui qui
est intitulé *du Peuple*. Nous citons les de-
mandes et les réponses :

« D. Quel est le vice radical de la consti-
tution républicaine ou des autres consti-
tutions qu'on veut établir en France?

» R. Tous ces gouvernements reposent
sur un principe: *La Souveraineté du peuple.*

» D. D'où est venu ce principe?

» R. De la Révolution.

» D. Qu'a été la Révolution?

» R. Un mouvement qui, juste à l'ori-
gine, et né d'un grand besoin de liberté,
tourna en révolte contre *les institutions*, contre LES CLASSES, et contre toute l'autorité. »

On le voit, le *Catéchisme* parle absolument
comme les manifestes de M. le comte de
Chambord. Les grands griefs qu'il formule
contre la Révolution sont les suivants: Il
lui reproche d'avoir déclaré la loi « athée »
et d'avoir « égalé toutes les religions *aux*

dépens de la vraie. » Après avoir demandé le rétablissement d'une religion d'Etat, comme à l'époque de la révocation de l'Edit de Nantes et du massacre des Camisards, le *Catéchisme* déclare que le principe de la Révolution est « absurde » parce qu'il fait du « peuple un être absolu, et qu'il met l'autorité dans les volontés du peuple..... Jamais les volontés libres d'un peuple, poursuit-il, ne pourront devenir une loi, ni commander quelque chose. »

De toutes ces « vérités » les auteurs du *Catéchisme* se hâtent de conclure que « la République ne doit exister que dans le cas où le peuple est assez sage, assez éclairé pour se gouverner lui-même, et où le gouvernement de tous vaut mieux que celui d'un seul *ou de quelques-uns.* » Or, toujours suivant le *Catéchisme*, nous ne sommes ni assez sages ni assez éclairés pour garder la République, et nous sommes assez « corrompus » et assez en « décadence » pour mériter la royauté.

Quant au principe de la Révolution, il enseigne de le « subir comme une nécessité, non comme une loi. » En ce qui concerne les républicains, il pense que « ce sont des insensés qui poursuivent des chimères, voulant donner au peuple un état de choses contraire à leur nature. » Ce n'est plus seulement de la France qu'il s'agit maintenant, c'est « des peuples. » Les concessions à l'esprit du siècle qu'on a remarquées plus haut ne sont donc qu'hypocrisie pure.

***

Nous sommes au chapitre intitulé : *Des Rapports des citoyens entre eux dans la royauté :*

« D. Quels sont les devoirs des parents envers leurs enfants?

» R. Ils doivent les bien élever, leur inspirer l'amour de la vertu, de la religion, de la patrie, et *les faire instruire.* »

Voilà qui est bien allez-vous dire. Le *Catéchisme,* en dépit des absurdités qu'il contient, proclame du moins la nécessité de l'instruction. Laissez-nous vous mettre sous les yeux quelques autres citations encore. Un peu plus loin vous pouvez lire que l'instruction est « utile », mais qu'elle « n'est pas indispensable pour faire de bons citoyens », et à la page suivante, à cette question : « Quel est le plus grand inconvénient de l'instruction obliga'oire », on fait la réponse que voici : « Elle atteint l'autorité paternelle en obligeant le père à faire instruire ses enfants et à les confier souvent à des maîtres inconnus. »

Ainsi, le *Catéchisme* repousse l'instruction obligatoire au nom de cette fameuse « liberté du père de famille » qui est la *tarte à la crême* des ultramontains. Quant à l'instruction laïque, il ne veut même pas en entendre parler. Il déclare que « la religion doit présider *à tout*. » Il ajoute un peu plus loin : « Ceux qui excluent la religion de l'enseignement sont des esprits étroits ou impies. » Les monarchistes ne veulent donc de l'instruction qu'à condition qu'elle soit religieuse. On verra plus loin de quelle religion il s'agit. Ils appellent cela « défendre la liberté du père de famille ! »

Et pendant que la France donne le spectacle du triomphe des auteurs de ces tristes doctrines, voici le langage que tient aux ouvriers allemands le progateur des *Banques du peuple :* « Nous considérons le droit à l'éducation comme le premier de tous les droits fondamentaux ; il commence pour nous à la naissance même de l'homme, et, dans tout pays civilisé, il doit être l'objet de la surveillance de l'État. *Aussi de-*

mandonssnous l'école obligatoire, placée sous le patronage du gouvernement, *comme un droit et un devoir politique.* » Et plus loin M. Schulze-Delitzsch ajoute : « *Priver quelqu'un de l'éducation, c'est commettre sur la personne humaine un attentat contre lequel l'autorité doit sévir, comme s'il s'agissait d'un meurtre.* » (*Cours d'Économie politique,* ch. V.)

Ce programme est réalisé depuis de longues années en Allemagne. C'est à l'instruction que les Allemands sont redevables de leurs victoires dans la guerre d'Autriche et la seconde campagne de France, autant au moins qu'au canon Krupp. Mais alors quelle destinée nous préparent les ultramontains? Au lieu de travailler à lui rendre la place qu'elle occupait dans le monde, veulent-ils donc faire de notre malheureuse patrie une nouvelle Espagne?

****

Le chapitre intitulé : *Des Rapports des citoyens avec la royauté* n'est pas moins curieux. Il nous apprend quelle est la pensée des royalistes à l'égard du suffrage universel :

« D. Est-il nécessaire que tous les citoyens aient le suffrage ?

» R. Le suffrage universel *paraît* naturel dans un régime révolutionnaire, où toutes les volontés étant souveraines, le pouvoir appartient à tous également, sans que l'un ait plus de droit à gouverner que l'autre. Mais, dans un régime contraire à la révolution, qui fait régner la raison et l'ordre au lieu des volontés, où le gouvernement ne dépend pas de la volonté du peuple, mais d'une loi supérieure, *il importe peu de donner le suffrage universel à tout le monde.* »

Le peuple est averti. Une restauration monarchique n'aurait rien de plus pressé que de suppprimer le suffrage universel.

Terminons par le chapitre intitulé : *Rapports de la royauté avec la religion.* Naturellement, pour le *Catéchisme,* il n'y a qu'une religion, « la vraie ». Voyez ses principes sur l'égalité des cultes et la liberté religieuse :

« Comme il y a des religions, dit-il, qui admettent des vérités que d'autres excluent, déclarer toutes les religions égales, c'est déclarer le vrai égal au faux, une chose certaine égale à une chose absurde : c'est nier toute vérité. »

Ces principes aboutissent tout droit à la reconstitution d'une religion d'État. Les auteurs du *Catéchisme* ne reculent point devant cette conséquence. Du reste, elle était implicitement contenue dans leur définition de la loi : « Il est absurde, disent-ils, qu'un gouvernement reconnaisse plusieurs religions égales. La loi qui en reconnaît plusieurs n'en reconnaît aucune. Elle se déclare athée, *ce qui est une monstrueuse folie.* » Nous voici à la religion d'Etat. « La royauté, ajoutent-ils, doit sans blesser la conscience de chacun *ou les religions qu'elle tolère*, favoriser de son mieux *la vraie religion.* Par là elle servira au bien de la nation. »

Voilà notre examen terminé. Nous avons tenu à faire voir en quel respect les royalistes tiennent le peuple français et comment ils font bon marché des principes les plus élémentaires de la civilisation moderne. Des citations que nous venons de mettre sous ses yeux, le lecteur peut juger de ce que serait une Restauration monarchiste en France. Si nous voulons conjurer ce péril, votons tous, aux élections prochaines, pour de sincères républicains.